كُمَّةُ كَريمٍ الجَديدَة

بِقَلَم: مَحْمود جَعْفَر

عِماد نَصْر

بِريشَة: آرت غوس

Collins

اِسْمي كَريم، وَعُمْري عَشْرُ سَنَوات.

أنا تِلْميذٌ في مَدْرَسَةِ «صُحار لِلْبَنين».

تُحِبُّ أُسْرَتي الرِّحْلاتِ بِالسَّيّارَة.

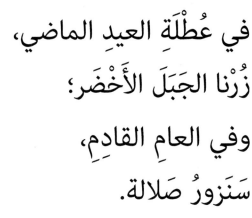

الجَبَلُ الأَخْضَر

في عُطْلَةِ العيدِ الماضي،

زُرْنا الجَبَلَ الأَخْضَر؛

وفي العامِ القادِمِ،

سَنَزورُ صَلالة.

صَلالة

يُريدُ أَبي أن نَعْرِفَ

بَلَدَنا جَيِّدًا،

وأن نَزورَ كُلَّ رُكْنٍ فيها.

سَأَرْوي لَكُمْ قِصَّةَ رِحْلَتِنا في الأُسبوعِ الماضي إلى «صور»، حَيثُ أَرَدْنا أن نَرى السَّلاحِفَ البَحْرِيَّة.

أنا قَرَأْتُ عَنْ هذه السَّلاحِفِ في كِتابِ «عَجائبُ عُمان».

غادَرْنا «صُحار» في الصَّباح،

وتَوَقَّفْنا في مَدينَةِ «بَرْكاء».

أَبي يُحِبُّ حَلْوى «الدّيوانِيَّة»، ولكنّ أُمّي

تُفَضِّلُ «السُّلْطانِيَّة». اِشْتَرَيْنا الاثْنَتَيْن.

قالَ أبي: "أنا أَحْتاجُ إلى الحَلْوى

مِثْلَما تَحْتاجُ السَّيّارَةُ إلى الوَقود."

قُلْتُ لَهُ: "أمّا أنا، فَأَحْتاجُ إلى

كُمَّةٍ جَديدة."

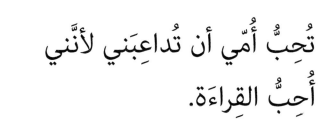

قالَتْ أُمّي:

"نعم، لأنَّ رَأْسَكَ يَكْبُرُ كُلَّ أُسْبوع!".

تُحِبُّ أُمّي أن تُداعِبَني لأنَّني

أُحِبُّ القِراءَة.

غادَرْنا «بَرْكاء»، ثُمَّ تَوَقَّفْنا عِنْدَ سوقِ السّيبِ

الكَبيرِ في مَسْقَط لِشِراءِ كُمَّةٍ جَديدةٍ

لِرَأْسي الكَبير.

تَرَكْنا مَسْقَط، واتَّجَهْنا جَنوبًا نَحْوَ «صور».
كُنْتُ جالِسًا بَيْنَ خالِدٍ، أَخي الأَكْبَرِ، وَأَمينَة.
قَرَأْتُ بَعْضَ صَفَحاتِ كِتابي، ونَعَسْتُ قَليلًا،
وداعَبْتُ الكُمَّةَ الجَديدة. كَمْ هي جَميلَة!

في الطَّريقِ، قُلْتُ:
"تَحْفِرُ السَّلاحِفُ في الرَّمْلِ لِتَبيضَ لَيْلًا،
والبَيْضُ يَفْقِسُ في نِهايَةِ الصَّيْف."

قالَتْ أَمينَة: "هَلِ اقْتَرَبْنا الآنَ يا أُمّي؟"

بَعْدَ ساعَتَيْنِ تَقْريبًا، وَصَلْنا «صور».
عِنْدَ المِنْطَقَةِ المَحْمِيَّةِ، بِجِوارِ حُصْنِ
«رَأْسُ الحَدّ»، جَلَسْنا عَلى الرَّمْل.

حُصْنُ «رَأْسُ الحَدّ»

اِحْتَرَسْنا كَيْلا نُزْعِجَ السَّلاحِفَ الصَّغيرةَ ونُخيفَها.
جَلَسْتُ بِجِوارِ خالِدٍ وأَمينَةَ، ووَضَعْتُ الكُمَّةَ
الجَديدةَ بِجانِبي لِأُرَكِّزَ بَصَري عَلى الرِّمالِ.

هَيّا يا سَلاحِف!

قالَ أبي:
"سَنَرى السَّلاحِفَ اللَّيْلَةَ،
وسَنَزورُ المَتْحَفَ البَحْرِيَّ في الصَّباح."

نَظَرْتُ أمامي إلى الرِّمالِ،
ثُمَّ أَرَدْتُ أن أَلْتَقِطَ الكُمَّة.

- أَيْنَ الكُمَّة؟ مَنْ أَخَذَها؟

- مَنْ سَيَأْخُذُها؟ ولِماذا يَأْخُذُها؟

- كانَتْ هُنا بِجانِبي! أَيْنَ هي؟!

أُنْظُرْ! إنَّها هُناكَ!
الكُمَّةُ تَمْشي!
هُناكَ شَيْءٌ ما داخِلَها!
ها! ها!
الكُمَّةُ تَمْشي!

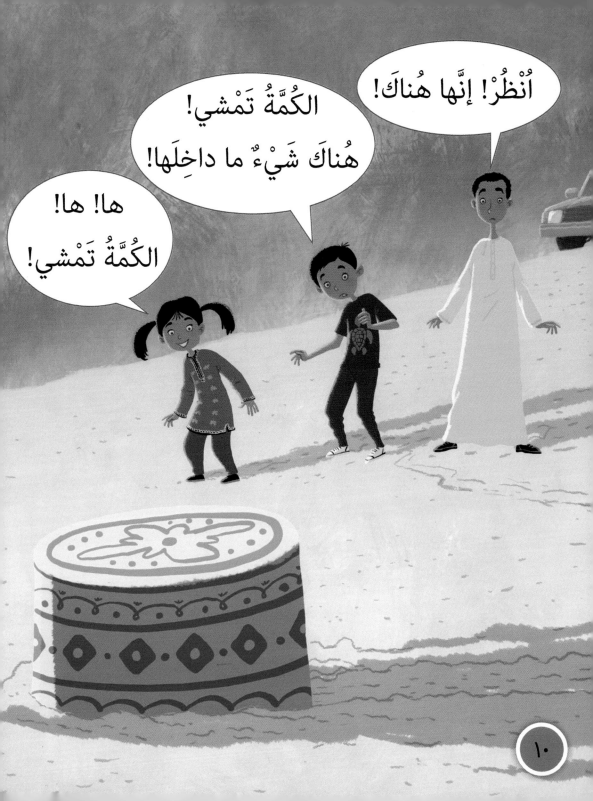

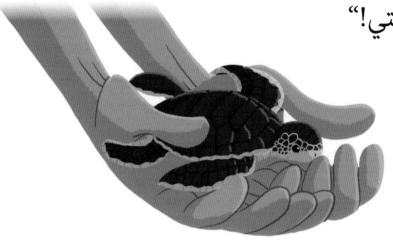

”وَجَدْتُ هذه السُّلَحْفاةَ الخَضْراءَ الصَّغيرةَ
تَحْتَ كُمَّتي!“

”خَرَجَتْ مِنْ بَيْضَةٍ تَحْتَ الرَّمْلِ،
لِتَجِدَ نَفْسَها تَحْتَ كُمَّةٍ فَوْقَ الرَّمْل!“

”سَآخُذُها مَعي إلى البَيْتِ وَأُرَبّيها.
سَأُسَمّيها «سوسو»!“

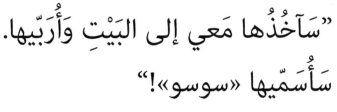

”لا يا حَبيبَتي! مَكانُها هو البَحْر!
إنَّها خَرَجَتْ مِنْ تَحْتِ الرَّمْلِ لِتَبْحَثَ عَنْهُ.
سَنَضَعُها بِرِفْقٍ عِنْدَ حافَةِ الماء.“

مَعَ السَّلامَةِ يا «سوسو»!
مَعَ السَّلامَةِ يا «سوسو»!
إلى اللِّقاءِ يا «سوسو»!

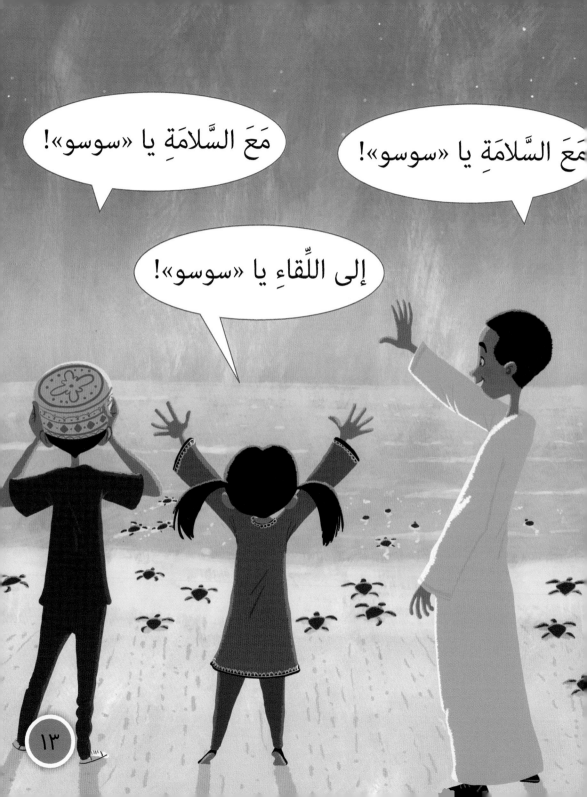

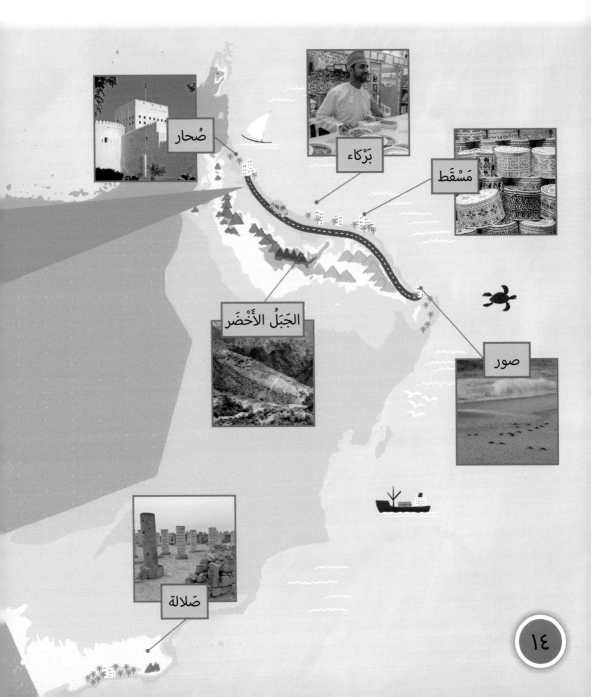

خَريطَةُ الرِّحْلَة

صُحار
بَرْكاء
مَسْقَط
الجَبَلُ الأَخْضَر
صور
صَلالة

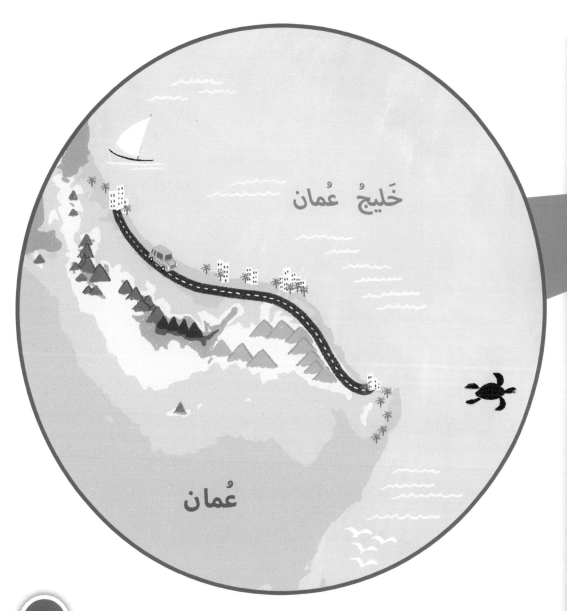

خَليجُ عُمان

عُمان

أفكار واقتراحات

الأهداف:

- متابعة أحداث متسلسلة لشخصيّات رواية خياليّة.
- تأكيد مفاهيم الافتخار بالوطن والاهتمام بالبيئة.
- قراءة المزيد من الكلمات الشائعة البسيطة بدون تشكيل.

روابط مع الموادّ التعليميّة ذات الصلة:

- التركيز على ظاهرة فريدة في عالم الحيوانات البحريّة.
- التركيز على التنوّع الجغرافيّ في عمان.
- إدراك أهمّيّة التنوّع البيئيّ.

مفردات شائعة في العربيّة: اسمي، الصباح، يحبّ، قالَ، كانَ ، كُنتُ

مفردات جديرة بالانتباه: سلاحف، عجائب، تداعبني، محميّة

عدد الكلمات: ٣٤٠

الأدوات: لوح أبيض، ورق، أقلام رسم وتلوين، انترنت

قبل القراءة:

- أوّلاً، هيّا بنا ننظر إلى الغلاف الخارجيّ للكتاب. ماذا ترون؟ في رأيكم، من أيّ بلد هذه الأسرة؟ صفوا الصورة.
- هيّا نقرأ العنوان معًا. هل الكمّة جزء من التراث والشخصيّة العمانيّين؟
- الكمّة تحمي الرأس؛ لماذا نحمي رؤوسنا؟ ممَّ نحميها؟

أثناء القراءة:

- ماذا تعني كلمة "المحميّة" الّتي قرأناها ص ٧؟ في رأيكم، هل المحميّات مهمّة؟